AF285310

Hermann Bendix · Vier Miniaturen op. 54

Hermann Bendix
(1859–1935)

Vier Miniaturen op. 54

für Klavier

Musikkritische Neuausgabe
herausgegeben von Guido Johannes Joerg

odiug noitide
2021

Bibliografische Information der Deutschen Nationalbibliothek:
Die Deutsche Nationalbibliothek verzeichnet diese Publikation in der Deutschen Nationalbibliografie;
detaillierte bibliografische Daten sind im Internet über http://dnb.dnb.de abrufbar.

odiug noitide 001

Herstellung und Verlag: BoD – Books on Demand, Norderstedt

ISBN: 978-3-7543-4419-4

VORWORT

Einen Eintrag über den Kantor und Komponisten Hermann Bendix (1859–1935) sucht man in den biographischen Nachschlagewerken zur Musik vergebens.[1] Selbst im engeren Umfeld des Musikers – in seiner pommerschen Heimatgemeinde Damgarten, wo er den Großteil seines Lebens verbrachte und sich hauptberuflich wie auch ehrenamtlich stark engagierte (und ebenso in den Nachbargemeinden Ribnitz, Zingst und Barth), – hat man ihn in den Wirren von Weltkrieg, deutsch-deutscher Teilung und der wirtschaftlichen wie kulturellen Provinzialität des nördlichen Mecklenburg-Vorpommern nahezu vergessen. Dabei waren zumindest seine in zahllosen Veröffentlichungen kursierenden Klavier- und Harmoniumstücke in den Jahrzehnten vor und nach der Wende vom 19. zum 20. Jahrhundert ebenso beliebt, wie seine *Rügenlieder*, die in den Strandbädern der Ostseeinsel sogar als Ansichtskarten verkauft wurden. Andere Werke – darunter Orgelstücke und Chorkompositionen für den eigenen kirchenmusikalischen Gebrauch – hat er jedoch anscheinend selten einmal zur Veröffentlichung gegeben, weshalb kaum welche von ihnen überliefert sind. Obgleich er durchaus das Zeug zu einer überregionalen Karriere als Organist und Komponist gehabt hätte, entschloss er sich dazu, sein Leben als einfacher Lehrer und Kantor in seiner Heimatstadt zu verbringen.

Am 22. April 1859 wurde Hermann Bendix als Sohn des örtlichen Kantors in Damgarten (heute Teil der Doppelstadt Ribnitz-Damgarten in Mecklenburg-Vorpommern) geboren. Nach Abschluss der Schule besuchte er das pommersche Lehrerseminar in Franzburg und trat zunächst eine Lehrerstelle in Zingst an. 1885 begann er dann nach erfolgreich absolvierter Aufnahmeprüfung ein Kirchenmusikstudium an dem von Carl Friedrich Zelter gegründeten *Königlichen Akademischen Institut für Kirchenmusik* in Berlin, das vor allem der Ausbildung von hauptamtlichen Organisten, Kantoren und Musiklehrern an Seminaren und Gymnasien diente. Dort perfektionierte er sein Orgelspiel bei dem Institutsdirektor Prof. Carl August Haupt – damals dem wohl bedeutendsten deutschen Orgellehrer und ebenso erfolg- wie einflussreichen Bachinterpreten –, den er schon ab dem zweiten Semester bei dessen sonntäglichen Diensten

---

[1] Zu seinem Leben und Werk vergleiche meine Beiträge *Hermann Bendix – Pädagoge, Kantor und Komponist*; in: *775 Jahre Ribnitz/750 Jahre Damgarten – Beiträge zur neueren Stadtgeschichte*, hrsg. von Axel Attula (veröffentlicht als Festschrift zum Stadtjubiläum der Doppelstadt Ribnitz-Damgarten). – Ribnitz-Damgarten, 2008. – S. 17–24 und *Hermann Bendix (1859–1935) – Bausteine zu einer Biographie*; in: *Baltische Studien – Pommersche Jahrbücher für Landesgeschichte*, hrsg. von der Gesellschaft für Pommersche Geschichte, Altertumskunde und Kunst e. V., zugleich Mitteilungsorgan der Historischen Kommission für Pommern und der Arbeitsgemeinschaft für Pommersche Kirchengeschichte e. V. – Neue Folge, Bd. 95, 2009 (Bd. 141 der Gesamtreihe). – Kiel: Ludwig, 2010. – S. 151–182.

an der Berliner Parochialkirche vertrat. Zweifellos hätte Bendix damals eine bedeutende Organistenkarriere offen gestanden, wie sie nach ihm etwa sein Kommilitone Wilhelm Middelschulte einschlug, der ihn – nachdem Bendix Berlin hatte verlassen müssen – als Haupts Assistent ablöste. Middelschulte trat nach Abschluss seines Studiums erst das Organistenamt an der Berliner Lukaskirche an, bevor er nach Chicago ging und bald als der bedeutendste Orgelvirtuose des frühen 20. Jahrhunderts in Amerika reüssierte. – Ob Hermann Bendix eine derartige Karriere allerdings gelegen hätte, sei dahingestellt…

Nach dem äußerst erfolgreichen Abschluss des Studiums musste Bendix ins Lehramt nach Zingst zurückkehren, da die Gemeinde seine Ausbildung in Berlin finanziell unterstützt hatte. 1887 trat er dann die Nachfolge seines Vaters in Damgarten an; bis zu seiner Pensionierung arbeitete er als Lehrer an der Stadtschule und als Kantor und Organist an der Damgartener Kirche St. Bartholomäus. Hier stand ihm eine zweimanualige Orgel mit dreizehn Registern der Berliner Orgelbauerfamilie Buchholz zur Verfügung, ein Instrument, wie er es auch aus dem *Institut für Kirchenmusik* kannte (dort hatte er auf einem ganz ähnlich disponierten Schwesterinstrument musiziert); selbst die Orgel der Berliner Parochialkirche, auf welcher er als Aushilfe gespielt hatte, war einst von der renommierten Orgelbaufirma umgestaltet worden. Neben dem eigenen Kirchenchor leitete Bendix Chöre und Gesangvereine in Ribnitz und Zingst und war langjähriger Dirigent der Stadtkapelle Barth. Auf pädagogischem Gebiet engagierte er sich in regionalen und überregionalen Lehrervereinen, er veröffentlichte etliche Beiträge in Fachzeitschriften und fungierte als Mitherausgeber von Schul- und Schulmusikbüchern. Außerdem widmete er sich der Geschichte und Geologie seiner Heimat und schrieb für die örtliche Zeitung – gelegentlich auch eigene Gedichte. Bis zu seinem Tod war er einer der angesehensten Bürger der Gemeinde. Hermann Bendix starb am 1. Juni 1935, knappe sechs Wochen nach seinem 76sten Geburtstag.

Erste musikalische Werke von Hermann Bendix erschienen ab den späten 1880er-Jahren; danach komponierte und veröffentlichte er in schöner Regelmäßigkeit (die Jahresangaben in den Druckausgaben und die Opuszahlen lassen die Chronologie erkennen, auch wenn darin noch zahllose Lücken klaffen). Vor allem seine Klavierstücke wurden von namhaften deutschen Verlagshäusern publiziert und fanden weite Verbreitung. Mögen sie auch vorwiegend eher klavierpädagogischen Ansprüchen genügen (vergleichbar etwa mit Pjotr Iljitsch Tschaikowskys *Album pour Enfants* op. 39 oder Claude Debussys *Children's Corner*) oder teilweise dem Genre der Salonmusik nahestehen, so brauchen etliche von ihnen durchaus nicht den Vergleich mit einigen von Felix Mendelssohn Bartholdys *Liedern ohne Worte* oder Edvard Griegs *Lyrischen Stücken* zu scheuen. Auch zahlreiche Kompositionen für das damals so überaus beliebte Harmonium legte Bendix vor, aber nur vereinzelte Werke für Orgel, Lieder und Kammermusik sind in Druckausgaben überliefert. Nur einige wenige Chorsätze sind bislang aufgetaucht und das *Postludium in G-Dur* ohne Opuszahl scheint als einziges Orgelstück des Berufsorganisten veröffentlicht worden zu sein – dies jedoch recht prominent als Eröffnungsstück in dem von Ludwig Sauer herausgegebenen *Schönberger Orgelalbum* von 1900; einem Sammelband, der zweifellos Orgelgeschichte geschrieben hat.

Überhaupt liegt noch keine wirklich repräsentative Übersicht seines kompositorischen Schaffens (geschweige denn seiner pädagogischen, heimatkundlichen oder dichterischen Werke) vor. Von den mehr als einhundert mit einer Opuszahl versehenen musikalischen Werken (op. 5,2 ist die erste, op. 105 die letzte seiner bislang real vorliegenden Kompositionen; außerdem ist op. 2 in der Literatur erwähnt) sowie von zahllosen weiteren, nicht mit einer Opuszahl versehenen Werken, welche jedoch in Sekundärquellen nachgewiesen sind, konnten die meisten noch nicht wieder aufgefunden werden. Höchstens ein Fünftteil seiner Kompositionen dürfte überhaupt dem Namen nach dokumentiert sein, und zu wesentlich weniger liegt uns heute das Notenmaterial – gedruckt oder handschriftlich – vor. Zahlreiche seiner Werke dürften für immer verloren sein.

Anfang von Bendix' Miniatur *Meeresabend* op. 54,3 (T. 1–18) in der 158. Musik-Beilage zur *Preussischen Lehrer-Zeitung*, Februar 1899.

Unter den zu Lebzeiten des Komponisten im Druck veröffentlichten Werken finden sich die hier in einer ersten musikkritisch edierten Neuausgabe vorgelegten *Miniaturen* op. 54. Die vier kurzen Klavierstücke sind zweifellos – zahlreiche andere Werke des Komponisten belegen dies – der Mode ihrer Zeit geschuldet, denn solche Stücke waren im ausgehenden 19. Jahrhundert höchst populär, auch und gerade in der Haus- und Salonmusik. Da Bendix' *Miniaturen* op. 54 bei allem pianistischen Anspruch um einiges einfacher sind, als beispielsweise die acht umfangreicheren Charakterstücke des Zyklus' *Frühlingszauber* op. 40, die einige Jahre vorher erschienen waren, ist zu vermuten, dass sie explizit auf ein breites Publikum zielten. Es entstanden Kompositionen unterschiedlichen Charakters, die sowohl als Lehrstücke wie auch zur Spielliteratur taugen und somit den Ansprüchen einer breiten Mehrheit der musizierenden Bevölkerungsschichten der damaligen Zeit gerecht werden konnten – diesem Kalkül aber trotzdem nicht die Eigenheiten von Bendix' Personalstil opferten. Der *Meeresabend* ist zweifellos von der Bodden- und Ostseelandschaft bei Damgarten inspiriert; die *Mazurka* verdankt sich gewiss der räumlichen Nähe Vorpommerns zum Staatsgebiet Polens. – Die nicht allzu schweren, trotzdem aber angenehm klingenden und gelegentlich sogar Anklänge an die zeitgenössische Musiksprache aufweisenden Klavierstücke dürften damals weite Verbreitung gefunden haben – die Veröffentlichung in der Musikbeilage einer auflagenstarken pädagogischen Tageszeitung lässt diesen Schluss ohne weiteres zu. Die Publikation in einer Zeitschrift sorgte gleichzeitig aber auch dafür, dass die Notendrucke nur selten einmal systematisch archiviert wurden, weshalb sie nur in wenigen Exemplaren überliefert sind. Die *Preussische Lehrer-Zeitung* war vermutlich – wie viele andere ähnliche Zeitschriften aus jener Epoche (und wie viele unserer heutigen Magazine auf Hochglanz- oder Zeitungspapier) – für den durchschnittlichen Abonnenten und Leser wohl eher ein kurzlebiges Wegwerfprodukt.

Die vier *Miniaturen* op. 54 von Hermann Bendix wurden im Dezember 1898 (Nr. I und II), im Februar (Nr. III) und im April 1899 (Nr. IV) – jeweils neben Stücken anderer Komponisten – in der 156., 158. und 160. Musikbeilage zur *Preussischen Lehrer-Zeitung* veröffentlicht;[2] einer vom Preußischen Lehrerverein herausgegeben pädagogischen Tageszeitung, die von 1875 bis 1918 (1934) beim Verlag Hopf in Spandau publiziert wurde – und in welcher etliche Kompositionen von Hermann Bendix (erst)veröffentlicht wurden. (Der damals noch eigenständige Stadtkreis Spandau im äußersten Nordwesten der Metropole wurde 1920 nach Groß-Berlin eingemeindet; der Verlag Hopf wurde im Verlauf der 1890er-Jahre vom Cöpenicker Verlagshaus Jenne übernommen.)[3] Stich und Druck dieser allmonatlich zusammen mit der Tageszeitung ausgelieferten Musikbeilagen hatte man dem renommierten Musikverlag Breitkopf & Härtel in Leipzig anvertraut, einer der bedeutendsten deutschen Notenstechereien. Druckplattennummern wurden den Musikbeilagen jedoch nicht gegeben; jedenfalls sind solche nicht eingedruckt worden. – Es ist davon auszugehen, dass es sich bei diesen Veröffentlichungen um die ersten und bislang auch die einzig vorgelegten Druckausgaben dieser Bendixschen Kompositionen handelt.

Dies waren keineswegs die einzigen Kompositionen von Hermann Bendix, welche in den Musikbeilagen zeitgenössischer Zeitschriften abgedruckt wurden. Überhaupt sind etliche seiner Werke nicht als selbständige Notenausgaben, sondern eben genau in solchen und ähnlichen

---

[2] Nr. I als erstes (auf S. 1) und Nr. II als zweites Stück (auf S. 2 und der oberen Hälfte von S. 3) in der 156. Musikbeilage, Nr. III als erstes (auf S. 1) in der 158. Musikbeilage und Nr. IV als erstes (auf S. 1 und den oberen beiden Dritteln von S. 2) in der 160. Musikbeilage.

Bislang liegen zwei Kompositionen Hermann Bendix' vor, die im jeweiligen Erstdruck als op. 54 Nr. 2 geführt sind; die Opuszahl wurde also doppelt vergeben. Bei dem anderen Stück handelt es sich um ein Klavierstück mit dem Titel *Unter fremdem Volk*, das erst im Jahre 1903 in der 6. Musikbeilage zur *Neuen Musik-Zeitung* (publiziert bei Carl Grüninger in Stuttgart und Leipzig) erschienen ist. Wegen des zeitlichen Abstands und der Veröffentlichung in der Musikbeilage eines anderen Periodikums wird angenommen, dass dort – und nicht hier – die Opuszahl fehlerhaft vergeben wurde. Eine genauere Zuordnung ist vorläufig nicht möglich, da allein im Umfeld der Klavierstücke op. 54, um welche es hier geht, op. 51–53 und 55–58 vollständig fehlen.

[3] Dies geht auch aus einem Eintrag im Impressum der 160. Musik-Beilage zur *Preussischen Lehrer-Zeitung* vom April 1899 hervor, wo zum ersten und einzigen Mal in allen bisher vorliegenden Ausgaben die „Hopf'sche Verlags-Buchdruckerei Gebr. Jenne, Spandau." als Verlag genannt wird. In allen anderen wird kein Verleger, sondern lediglich die Notenstecherei erwähnt.

Musikbeilagen pädagogischer Populär- und Fachzeitschriften oder aber sogar von überregionalen deutschsprachigen Frauen- und Familienzeitschriften (erst)veröffentlicht worden. Deren Zahl war damals Legion; die Konzepte ähnelten sich dabei ungemein. In gleicher Aufmachung wie die Musikbeilage zur *Preussischen Lehrer-Zeitung*, mit einer analog abgefassten Titelei und ebenfalls bei Breitkopf & Härtel in Leipzig gestochen, erschien zum Beispiel auch die Musikbeilage zur damals überaus beliebten und auflagenstarken *Deutschen Frauen-Zeitung*.

Die wenigen vorliegenden Fakten zu Leben und Werk von Hermann Bendix und die spärliche Überlieferung seiner Kompositionen lassen noch kein chronologisches Werkverzeichnis zu. Im vorliegenden Fall sind die Musikbeilagen im Dezember 1898, im Februar und April 1899 erschienen; die vier Stücke dürften also unmittelbar vor der Drucklegung von op. 54,1 entstanden sein (der Veröffentlichungsverlauf von Bendix' Kompositionen deckt sich freilich nicht immer mit den diesen Werken mitgegebenen Opuszahlen). Die Existenz von handschriftlichen Autographen (die vermutlich – dies beweisen die vier bislang überlieferten Handschriften des Komponisten – ebenfalls nicht datiert wären) ist nicht anzunehmen. Mit Sicherheit werden aber in Zukunft – auch in einigen der Musikbeilagen dieser zahlreichen Zeitschriften des ausgehenden 19. Jahrhunderts, die mittlerweile wieder stärker beachtet, gesammelt und dokumentiert werden, – weitere Kompositionen von Hermann Bendix auftauchen, die bislang noch nicht bekannt sind.

Die vier kurzen Charakterstücke, die Bendix' *Miniaturen* op. 54 ausmachen,[4] stehen in den üblichen Tonarten Es-Dur, B-Dur (mit einem kurzen Trio in F-Dur sowie einem ruhigeren Abschnitt in Es-Dur), D-Dur und C-Dur (mit einem Trio in G-Dur sowie einem episodenhaften Abschnitt in F-Dur). – *Einsamer Gang* bringt es auf eine Aufführungsdauer von einer guten Minute, legt man ein Grundtempo von etwa *M. M. Viertelnote = 80* zugrunde. Die Aufführungsdauer des *Walzer-Capricietto* beträgt gut zwei Minuten bei einem munteren, später ruhigeren Tempo von etwa *M. M. punktierte halbe Note = 60–70*. *Meeresabend* bringt es auf eine Aufführungsdauer von gut anderthalb Minuten, bei einem ruhigen Grundtempo von etwa *M. M. Viertelnote = 100*, das im Mittelteil etwas zu beschleunigen ist. Das mäßige Tempo der *Mazurka* mag mit etwa *M. M. Viertelnote = 120* genommen werden – damit beträgt die Aufführungsdauer knapp drei Minuten.

Die hervorragend gearbeiteten und formal wie musikalisch durchaus ansprechenden *Miniaturen* op. 54 bieten alles, was das Klavierspiel ausmacht – in der Einstudierung wie im musikalischen Vortrag. Werke von dieser Qualität machen deutlich, dass die Musik von Hermann Bendix durchaus zu Unrecht in Vergessenheit geraten ist. Da es sich zudem um hervorragende Vortragsstücke für jeden handelt, der dem Instrument auch einmal etwas anderes als das Gewohnte abgewinnen möchte, dürften diese schönen Kompositionen bald zahlreiche neue Freunde finden!

im Herbst 2021,
Guido Johannes Joerg

---

[4] Da bislang noch nicht alle Musikbeilagen zur *Preussischen Lehrer-Zeitung* aufgefunden werden konnten, ist nicht sicher, dass sich Bendix' op. 54 wirklich bloß aus diesen vier Stücken zusammensetzt. Gegebenenfalls könnten noch weitere Nummern (op. 54,5 usw.) auftauchen, die hier zuzuordnen wären.

Vier Miniaturen op. 54
I.
Einsamer Gang

Hermann Bendix (1859–1935)
herausgegeben von Guido Johannes Joerg

rit.   morendo

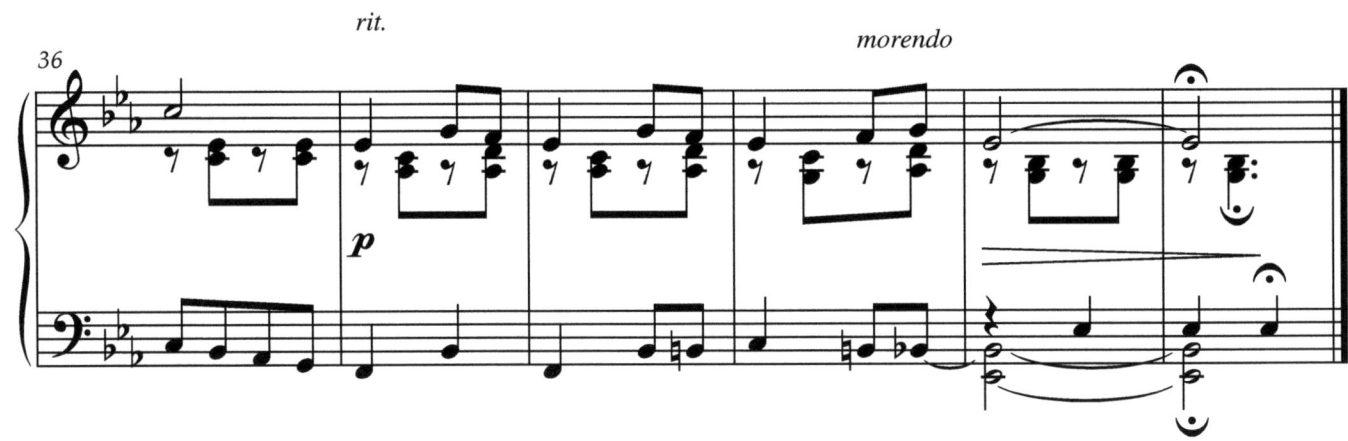

© odiug noitide, 2021

II.
Walzer-Capriccietto

Munter

III.
Meeresabend

IV.
Mazurka

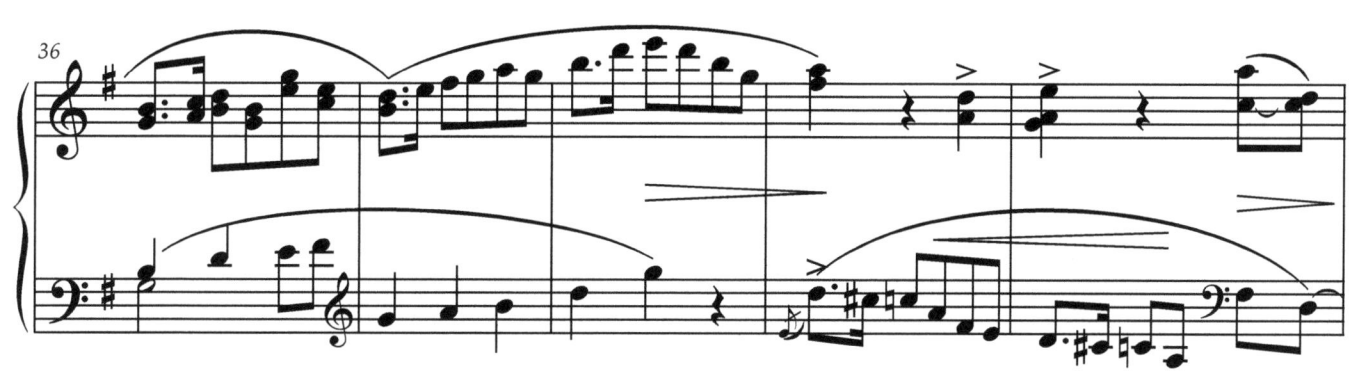

KRITISCHER BERICHT

Einige in den Erstausgaben fehlende Zeichen wurden in der vorliegenden Ausgabe diakritisch gekennzeichnet (in eckigen Klammern) nachgetragen, sinnvoll erscheinende Warnakzidentien ergänzt. Wiederholungen wurden ausgeschrieben (bei *In der Gondel* das *da capo* nach dem Trio-Mittelteil). Nur wenige Korrekturen mussten ausgeführt werden. Alle Eingriffe des Herausgebers sind in den Einzelanmerkungen ausgewiesen.

Abkürzungen

Pf. = Pianoforte, m.d. = *mano destra* (rechte Hand), m.s. = *mano sinistra* (linke Hand), O. = Ober-, M. = Mittel-, U. = Unterstimme

T. = Takt, ZZ = Zählzeit im Takt

usw. = und so weiter, vergl. = vergleiche

Einzelanmerkungen

Position (Takt, Zählzeit) | Stimme | Anmerkung

I. Einsamer Gang

Titel: „Miniaturen. / I. / Einsamer Gang."

1 | Pf. | Besetzungsangabe fehlt

12 | Pf., m.s. | die *crescendo*-Gabel beginnt zwischen der Viertelnote der 1. und der ersten Achtelnote der 2. ZZ

16 | Pf. | gestrichelte Linie zwischen „*rit.*" und „Tempo I"

II. Walzer-Capriccietto

Titel: „Miniaturen. / II. / Walzer-Capriccietto."

1 | Pf. | Besetzungsangabe fehlt

1 | Pf., m.s. | 1–3 | Phrasierungsbogen fehlt

1 | Pf., m.s. | 3 | *staccato*-Punkt fehlt

15,1–17,1 | Pf., m.d. | Phrasierungsbogen von T. 15,1–3 und von der zweiten Achtelnote in T. 16–17,3 (vergl. T. 71–73)

17,1–19,1 | Pf., m.d. | Phrasierungsbogen von der zweiten Achtelnote in T. 18–19,3 (vergl. T. 73–75)

19 | 1–3 | Pf., m.d. | Phrasierungsbogen von der zweiten Achtelnote in T. 18–19,3 (vergl. T. 75)

22–24 | Pf., m.s. | zwei kürzere Phrasierungsbögen für T. 22,1–23,1 und 23,1–24,1 (vergl. T. 78–80)

36, 37 | 3 | Pf., m.d. | *staccato*-Punkt fehlt (vergl. T. 20, 21, auch 53, 54, 57, 58, 76, 77)

55, 59 | 2 | Pf., m.d. | der Unterschied zwischen *f'''* und *a'''* ist original

63–64 | Pf. | gestrichelte Linie zwischen „*rit.*" und „*a tempo*"

72, 74 | 1 | Pf., m.s. | *tenuto*-Strich fehlt (vergl. T. 16, 18)

75 | 1–3 | Pf., m.d. | kürzerer Phrasierungsbogen für die 2.–3. ZZ (vergl. T. 19)

75 | 1–3 | Pf., m.s. | Phrasierungsbogen fehlt (vergl. T. 19)

78–80 | Pf., m.s. | zwei kürzere Phrasierungsbögen für T. 78,1–79,1 und 80,1–3 (vergl. T. 22–24)

114 | 1 | Pf., m.s. | das längere Arpeggio-Zeichen schließt die angebundene punktierte halbe Note c mit ein

III. Meeresabend

Titel: „Miniaturen. / III. / Meeresabend."

1 | Pf. | Besetzungsangabe fehlt

19–20 | Pf., m.d. | zwei kürzere Phrasierungsbögen für T. 19,1–4 und 20,1–4 (vergl. T. 17–18)

20 | 3 | Pf., m.d. | Phrasierungsbogen für die Verzierung fehlt

32 | 3–4 | Pf., m.s. | Phrasierungsbogen fehlt (vergl. T. 4)

36 | 3–4 | Pf., m.s. | Phrasierungsbogen fehlt

IV. Mazurka

Titel: „Miniaturen. / IV. / Mazurka."

1 | Pf. | Besetzungsangabe fehlt

1 | Pf. | Tempoangabe „Mässig." [sic!]

8 | 1 | Pf., m.d., U. | Viertelpause statt angebundener Viertelnote as' (vergl. T. 96)

8, 96 | 3 | Pf., m.d., O. | ♮ für a' fehlt

22–23 | Pf. | die kürzere decrescendo-Gabel endet vor dem Kopf der ersten Note in T. 23,1 (vergl. T. 38–39)

23–24 | Pf., m.s. | die kürzere crescendo-Gabel beginnt mit T. 23,3 (vergl. T. 39–40)

25–26 | Pf., m.s. | kürzerer Phrasierungsbogen für T. 25,1–3 (vergl. T. 17–18)

33–34 | Pf., m.s. | kürzerer Phrasierungsbogen für T. 33,1–3 (vergl. T. 17–18)

41 | 1 | Pf. | mf fehlt (vergl. T. 17, 25, 33)

41–42 | Pf., m.s. | kürzerer Phrasierungsbogen für T. 41,1–3 (vergl. T. 17–18)

49, 50, 51 | 1 | Pf., m.s. | der Unterschied zu T. 1–3, 9–11 ($e - c - e$ statt $c - e - c$) und zu T. 89–91 ist original

55–56 | Pf., m.s. | zwei kürzere (ganztaktige) Phrasierungsbögen (vergl. T. 15–16)

56 | Pf. | decrescendo-Gabel fehlt (vergl. T. 16)

56 | Pf., m.s. | der Unterschied zu T. 16 ist original

57 | 1 | Pf. | p fehlt (vergl. T. 69)

66–67 | Pf., m.d., M. | Haltebogen fehlt

71 | 1–2 | Pf., m.d. | Phrasierungsbogen fehlt (vergl. T. 59)

73 | 1 | Pf. | „cresc." statt mf (vergl. T. 61)

73 | 1 | Pf., m.s. | staccato-Punkt fehlt (vergl. T. 61)

73, 74 | 3 | Pf. | staccato-Punkt fehlt (vergl. T. 61, 62)

80 | 1–3 | Pf., m.d. | weiterer Phrasierungsbogen

83–84 | Pf. | die längere decrescendo-Gabel beginnt mit der Sechzehntelnote von Pf., m.d. in T. 83,1

89, 90 | 1–2 | Pf., m.s. | der Unterschied zu T. 1–2, 9–10 und 49–50 ist original

91, 99 | Pf. | die kürzere crescendo-Gabel endet vor der Sechzehntelnote der 3. ZZ (vergl. T. 3, 11, 51)

95–96 | Pf., m.s. | der längere Phrasierungsbogen reicht bis T. 97,1 (vergl. T. 7–8)

96 | 3 | Pf., m.d., O. | Achtelnote ais mit # statt h' (vergl. T. 8)

96–97 | 3 | Pf., m.d., O. | Haltebogen fehlt (vergl. T. 8–9)

104 | 1, 2 | Pf., m.s. | Akzentzeichen (marcato) fehlt

26